かわいい
ねりきり

一般社団法人 日本サロネーゼ協会
桔梗有香子

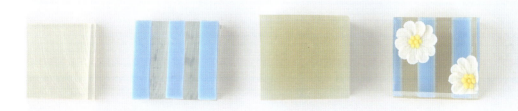

はじめに

1000年以上の歴史を持つ、日本の伝統文化『和菓子』。
四季の移ろいを小さなお菓子で表現する、まさに日本人特有の繊細さと感性によって受け継がれてきた日本が誇るお菓子です。
その中でも上生菓子と呼ばれる『ねりきり（練り切り）』は、日本の美しいお菓子として、海外からも大きな注目を浴びています。油脂や小麦粉を使わないので、ヘルシーなのも大きな魅力です。
本書では、『ねりきり』をご家庭で手軽に作り楽しんでいただけるように、ねりきりの基本的な作り方から、手や細工棒を使ったさまざまな造形方法、そして今話題の「あんクリーム」を使った新しいジャンルの和菓子までを紹介しています。

一般社団法人日本サロネーゼ協会は、この美しいねりきりの魅力を、日本の若い世代や外国の方にもっと知っていただきたいという想いで、華やかでかわいいねりきりを『練り切りアート®（nerikiri art®）』と名づけました。
そして、世界で初めて、ねりきり作りの講師を養成する「練り切りアート®認定講師講座」を開講しました。
講座開講以来、450名を超える講師が誕生し、日本だけでなく台湾や香港、シンガポールなどからも、多数の生徒が学びに来て、今や世界中で練り切りアート®の楽しさを広めてくれています。

本書が、アートでかわいいねりきりを作る楽しさや、贈る喜びを知っていただくきっかけになれば幸いです。
そして大切な人と一緒に手作りのねりきりをいただく、ほっこりとした時間を楽しんでください。

　　　　　　　　　　　　　　一般社団法人 日本サロネーゼ協会　代表理事 桔梗 有香子

Contents

第 1 章
四季の移ろいとねりきり

ちょうちょ ── p.8 (p.46)

花かんむり ── p.9 (p.47)

桜 ── p.10 (p.48)

水仙 ── p.11 (p.49)

金魚すくい ── p.12 (p.50)

うちわ ── p.13 (p.51)

ひまわり ── p.14 (p.52)

夜空 ── p.15 (p.53)

朝顔 ── p.16 (p.54)

風鈴 ── p.17 (p.55)

紅葉 ── p.18 (p.56)

まさり草 ── p.19 (p.57)

りんご ── p.20 (p.58)

秋桜 ── p.21 (p.59)

スノードーム ── p.22 (p.60)

リース ── p.23 (p.61)

お正月 ── p.24 (p.62)

椿 ── p.25 (p.63)

※（ ）内は How to make

Column　菓銘について ── p.26

第 2 章

ねりきりの基本

ねりきりに使う道具 —— p.28

ねりきりの材料 —— p.30

ねりきり餡の作り方 —— p.32

ねりきりの着色 —— p.33

餡に味をつける —— p.33

寒天の作り方 —— p.34

寒天の使い方いろいろ —— p.35

羊羹の作り方 —— p.36

包餡 —— p.37

外ぼかし・内ぼかし —— p.38

二重包餡 —— p.39

三角棒 —— p.40

細工棒を使った造形 —— p.41

指を使った造形 —— p.41

さらしの使い方 —— p.42

ねりきり餡をこす —— p.44

第 3 章

第 1 章の How to make —— p.45

Column　ねりきりのいただき方 —— p.64

第4章
鋏切りと針切り

はさみ菊（下段切り） ── p.66（p.74）
はさみ菊（上段切り） ── p.67（p.75）
紫陽花 ── p.68（p.76）
花火 ── p.69（p.77）
雪の結晶 ── p.70（p.78）

菓子ばさみの使い方 ── p.72
針切り箸の使い方 ── p.73

第5章
あんフラワー

フラワーブーケ ── p.80（p.91）
フラワーバスケット ── p.81（p.92）
マーガレット ── p.82（p.93）
ギフトボックス ── p.83（p.94）
フラワー錦玉 ── p.84（p.95）

あんクリームの道具 ── p.85
フラワー絞り ── p.86
コルネの作り方 ── p.87
フラワーネイル・フラワーリフターの使い方 ── p.88
あんフラワーの絞り方 ── p.89

※（　）内は How to make

第 1 章

四季の移ろいとねりきり

季節の花や風物を、ねりきりで表現しました。
伝統的なお菓子から、日本人らしい心を感じとりましょう。

ちょうちょ

優しいパステルカラーのねりきりで、ちょうちょを表現しました。
シンプルな中にかわいらしさのあるデザインです。

How to make — p.46

花かんむり

春らしい色のお花を、
花かんむりのように並べたねりきり。
お好きな色で、作ってみてください。

How to make — p.47

桜

ヘルシーなねりきりは、お花見弁当のあとでもペロリ。
空の下でいただくと、よりおいしく感じます。

How to make — p.48

水仙

緑色の寒天を、水仙の葉に見立てて巻きつけました。
ねりきりと寒天を組み合わせると、
グッと洗練された雰囲気に仕上がります。

How to make — p.49

金魚すくい

お客さまにお出ししたら、びっくりされること間違なし！
遊び心がたっぷりの、かわいくて涼しげな和菓子です。

How to make — p.50

うちわ

金魚すくいと合わせて、
お揃いのうちわを作りました。
まるで縁日の一コマのような、
見た目で楽しめる和菓子です。

How to make — p.51

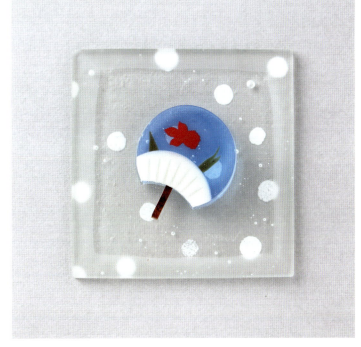

ひまわり

色や存在感から、見ているだけで元気をもらえるひまわり。
涼しさを感じていただけるように、
ひまわりの花びらに透明感を出しました。

How to make — p.52

夜空

夏の満天の星空をイメージして作った錦玉かん。
涼しげで美しい和菓子は、暑い夏でもつるんといただけます。

How to make — p.53

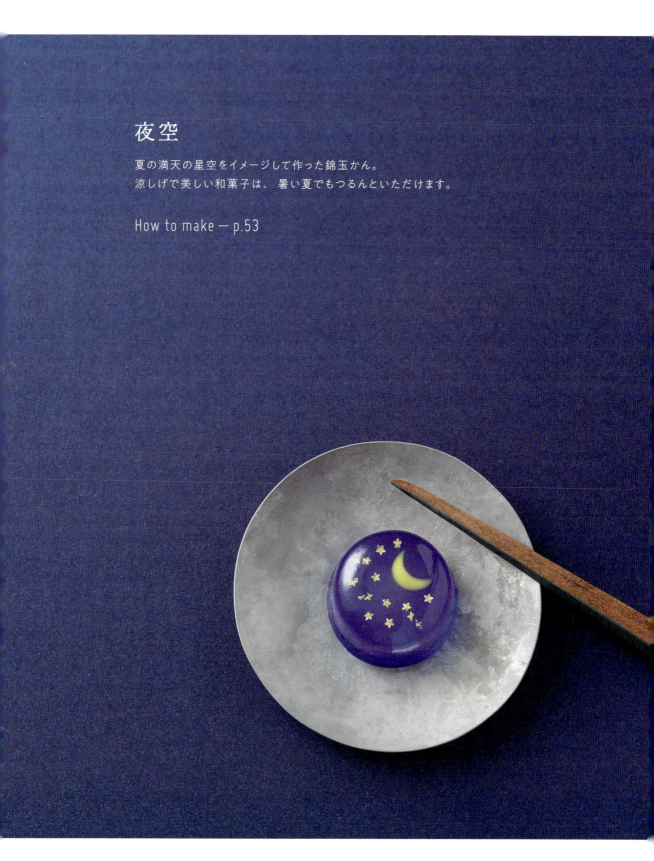

朝顔

ねりきりに寒天をディップすれば、
夏らしい朝顔のでき上がり。
食感の違いも、楽しい和菓子です。

How to make — p.54

風鈴

チリンと優しい鈴の音が聴こえてきそうな風鈴のねりきり。
コロンとしたフォルムが、なんとも可愛らしい。

How to make — p.55

紅葉

寒天を使って、水面に紅葉した葉が浮かんでいる様子を表現しました。
秋の訪れを感じさせてくれる和菓子です。

How to make — p.56

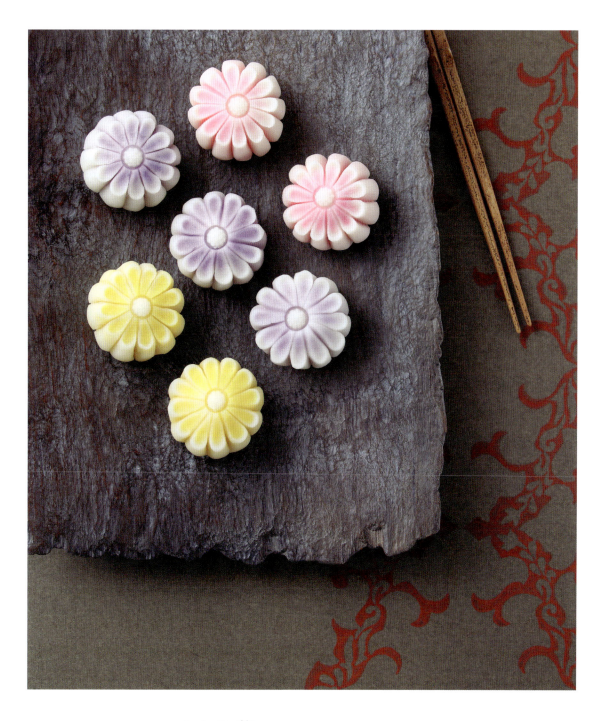

まさり草（菊）

餡の中から濃い色が出てきて、なんともいえない優しい色味を出してくれます。
色違いでたくさん並ぶと、かわいさ倍増ですね。

How to make — p.57

りんご

見た目だけでなく、切ると断面が出てくる
サプライズなねりきり。
アレンジして、いろいろなフルーツを
作ってみてください。

How to make — p.58

秋桜

花びらの縁を指でちぎって、
秋桜のギザギザした花びらを表現しました。
秋桜の色合いがかわいらしくて、
乙女心を思い出させてくれます。

How to make — p.59

スノードーム

和菓子とは思えない、キラキラしたスノードーム。
雪だるまやツリーも餡でできているので、全部食べられます。

How to make — p.60

リース

クリスマスのリースを2種類のデザインで作りました。
かわいいオーナメントがついたリースと、
金が散りばめられたゴージャスなリース、どちらがお好みですか?

How to make — p.61

お正月

お正月をイメージして作った、お年玉袋と神社の鈴。
スタンプを使えば、ちょっとしたメッセージを伝えることができます。

How to make — p.62

椿

お正月にお持たせしたい、紅白の寒椿。
シンプルなデザインの中に、
凛とした雰囲気が漂う美しいねりきりです。

How to make — p.63

Column

菓銘について

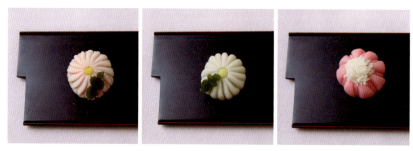

和菓子には、「菓銘」がついているのをご存知でしょうか？ 花鳥風月や和歌などに由来して、趣のある菓銘が和菓子屋さんによって一つ一つに名づけられています。

秋の代表的な花である菊の菓銘は特に多く、『光琳菊』『万寿草』『寒菊』などがあります。

また、一見、菊の名前には程遠いような『仙家の友』『籬の友』『着綿』なども、物語や伝統に因んだ菊の菓銘で、『仙家の友』は、昔から仙人の家には厄除けや長寿への願いとして菊が生けてあったことに由来しています。

菓銘は、先人が歩んできた日本文化や習慣に寄り添い、発展してきた和菓子ならではといえます。菓銘やその由来を知ることで、和菓子に込められた想いや、情緒を感じることができ、より和菓子をいただく楽しみが増すのではないでしょうか。

御菓子司　杵屋豊光　内藤貴之

※写真、上段左から『光琳菊』、『万寿草』、下段左から『仙家の友』、『籬の友』、『着綿』。

第 2 章

ねりきりの基本

ねりきりは家庭でも気軽に作ることができます。
まずは基本を押さえておきましょう。

ねりきりに使う道具

生地作りから造形まで、ねりきりに使う基本の道具です。

1 きんとん通し
生地をこし、飾り用のそぼろを作るときに使用します。

2 ざる
生地をこし、細かい飾り用のそぼろを作るときに使用します。

3 茶こし
生地をこし、目の細かい花心などの表現に適しています。

4 羊羹型
寒天や羊羹を固めるときに使用します。

5 鍋
寒天や羊羹を作るときに使用します。

6 さらし
茶巾絞りなど、さまざまな造形や菓子の乾燥を防ぐためにもフルに活用します。

7 布巾
手がべたつくときに、こまめにぬれ布巾で手を拭きます。

8 バット
寒天や羊羹を薄く固めるときに使用します。

9 まな板
ねりきりを作る作業は、まな板の上で行います。

Point　道具の洗い方・保管方法
○お湯でよく洗いましょう。油分が無いため、洗剤を使用する必要はありません。また、道具に洗剤の匂いがつくので、使用しないようにしましょう。
○洗った後は、よく乾かし、風通しのよい場所に保管しましょう。
○木製の道具は、長時間水につけないようにしましょう。

1 めん棒
ねりきり餡を薄くのばすときに使用します。

2 三角棒
ねりきりにはかかせない道具。
ねりきりに筋をつけるときに使用します。

3 針切り箸
先端の針で挟み上げて切り出すことが
できます。針切り箸を使用した菓子は繊細で近代的な
表現ができるので、新しい技法として注目されています。

4 スプーン
材料を混ぜたりするときに使います。

5 糸
菓子を切るときに使用すると、断面が美しく仕上がります。

6 菓子ばさみ
はさみで刻み、花びらなどを作るときに使います。

7 細工棒
さまざまな形状の細工棒があります。細工棒を使って
ねりきりに模様をつけたり、さまざまな細工をほどこします。

8 竹串
細かい細工をするときに、箸のように持って使用します。

9 つまようじ
着色のときなどに使用します。

10 カップ
着色のときなどに使用します。

11 型
寒天液を固めるときに流し入れます。

12 セルクル
丸い形の菓子を作るときに使用します。

13 ぬき型
型抜きするときに使用します。
さまざまな形状の抜き型があります。

14 ゴムベラ
材料を混ぜるときなどに使います。

ねりきりの材料

ねりきり餡の材料です。市販の白こし餡と白玉粉を使って気軽に作ることができます。着色には天然色素を使います。

1 白玉粉
ねりきり餡を作るときに使用します。

2 グラニュー糖
ねりきり餡、寒天、羊羹を作るときに使用します。

3 粉末寒天
寒天や羊羹を作るときに使用します。

4 白こし餡
中に包餡するときや、ねりきり餡を作るときに使用します。

5 黒こし餡
中に包餡するときや、ねりきり餡や餡クリームを茶に着色するときに使用します。

1 色素
ねりきり餡や餡クリームを着色するときに使用します。

2 星形金箔
星形の金箔で、夜空を表現するときに使用します。

3 金箔
ねりきりの装飾に使用します。

4 銀箔
ねりきりの装飾に使用します。

5 抹茶
ねりきり餡や餡クリームを緑に着色するときに使用します。

ねりきり餡の作り方

市販の白こし餡と白玉粉で作ったぎゅうひを混ぜて、手軽に作ることができます。

材料
ぎゅうひ ［白玉粉 ― 5g　グラニュー糖 ― 10g　水 ― 10cc］
白こし餡 ― 250g

作り方

1 耐熱皿に白こし餡を入れ、表面をならす。
Point 火の通りが均一になるように平らにならす。

2 ゴムベラの先などで格子状に切り込みを入れ、火の通りをよくする。ラップはせずに電子レンジで加熱する（500W 2分前後）。

3 ゴムベラで上下を返し、再びラップせずに電子レンジで粉ふき芋状になるまで加熱する。まだ水気が残っていたら、さらに加熱する。
Point 触ってべたつかない程度がよい。加熱し過ぎてパサパサにならないようにする。

4 耐熱容器に白玉粉とグラニュー糖を入れて混ぜ、水を2回に分けて加え溶きのばす。ダマになりやすいのでよく溶きのばす。

5 ラップをふんわりとのせて電子レンジで加熱する（500W 15秒前後）。
Point ラップを少しあけておき、密閉しないようにする。

6 とり出してひと混ぜし、再びラップをずらしてのせ、電子レンジで加熱する（500W 60秒前後）。ぎゅうひの完成。

7 加熱後のぎゅうひをひと混ぜする。
Point 透明になるまで加熱する。

8 白こし餡をボウルに入れ、ぎゅうひを加え、ゴムベラで均一に混ぜる。
Point 白こし餡とぎゅうひが熱いうちに混ぜないと、固くなりなじみにくくなる。

9 ぬらして固く絞ったさらしの上にとり出し、さらしごしに手でよくこねる。
Point さらしをかぶせながら乾燥を防ぐ。生地の中に空気が入り、色が白っぽくなるまでこねる。

10 生地の中に空気が入り、色が白っぽくなるまでこねれば完成。

> **ねりきり餡の保存方法**
> - 10度以下で保存する（1〜2日）。
> - すぐに使用しない場合はラップに包んで密閉袋に入れ、乾燥を防いで冷凍する（2週間くらい）。
> - 冷凍した餡は、使用する前日に冷蔵庫で解凍する。

ねりきりの着色

使用するもの
食用色素（粉末の色素を水に溶かして使用する）
食用色素には、天然色素と合成着色料がある。
天然色素は合成着色料より優しい色に仕上がる。
本書では天然色素を使用。
抹茶などの食品で着色することもでき、
食品で着色するときは水で溶かさずそのまま使用する。

Point
時間がたつと、色が濃くなるので気をつける（特に青と赤）。
色素を混ぜて色を作ることもできる。

着色の仕方

1 粉末色素をカップに適量入れ、水をごく少量ずつ、粉気がなくなるまで加え、よく混ぜる。
Point 水を加え過ぎると薄くなり色がつかない。数滴ずつ加える。

2 つまようじの先端に水で溶いた色素を少量つけ、ねりきりにつける。
Point 餡の量が多いときや、濃く着色したいときは、スプーンなどで適量を一度に加えて着色する。

3 手のひらの上で折りたたみながら混ぜる。
Point 練るように混ぜると粘りがでるので気をつける。粘りがでると甘さが口に残り後味がよくない。

餡に味をつける

餡の中に加える材料で
いろいろな味が楽しめる。

左から、ゆずジャム、抹茶、ココア。

寒天の作り方

寒天は砂糖の量を少なくすると透明感がでません。
また、ゴムベラで激しく混ぜると気泡がたくさんできてしまいます。

材料（羊羹型1本分）
粉末寒天 — 3g
グラニュー糖 — 90g
水 — 90g

作り方

1 鍋に寒天と水を入れ、ゴムベラで混ぜる。ゴムベラで混ぜながら中火〜強火で加熱する。

2 寒天液が沸騰したら、グラニュー糖を加える。
Point しっかりと沸騰させないと寒天が溶けず、凝固力が弱くなる。寒天が溶ける前にグラニュー糖を加えると固まりにくくなる。

3 グラニュー糖を溶かすようにゴムベラで混ぜながら中火〜強火で加熱する。

4 ひと煮立ちしたら、約2分中火〜強火で加熱する。茶こしでこしながらボウルに入れる。

5 水で溶いた色素で着色する。

6 バットに流し入れ、トントンとたたきつけ、空気抜きをし、常温で固める。
Point 固まりやすいので手早くバットに広げる。

7 カットして餡に巻いたり、抜き型で抜いたりすることができる。

作品例：ひまわり（p.14）

寒天の使い方いろいろ

● コルネで流し入れる

コルネ（p.87参照）に寒天液を入れ、細工棒でつけたくぼみに流し入れる。

● ねりきりの表面につける

1 ボウルに入れた寒天にねりきりの表面をつける。

2 クッキングシートの上におき、手のひらで押さえる。
Point 寒天がねりきりと同じ大きさになるように押さえる。

3 固まったら端からクッキングシートをはがす。※細工棒でくぼみをつけておくと、その部分が濃くなる。

作品例：朝顔（p.16）

羊羹の作り方

小豆を主体とした餡を型に流し込み寒天で固めた和菓子。

材料
粉末寒天 — 1g
水 — 40g
グラニュー糖 — 30g
白こし餡 — 80g

作り方

1 粉末寒天とグラニュー糖で寒天液を作る（p.34 寒天の作り方参照）。

2 火を止め、こし餡を手でちぎりながら加える。
Point 少量で作るときは、煮詰まらないように火を止める。こし餡は1cmほどの大きさになるようにちぎる。

3 中火にかけ、ゴムベラで混ぜながらこし餡を溶かし、ひと煮立ちさせとろみをつける。
Point 少しとろみがついた状態になるまで煮詰める。煮詰め過ぎないように気をつける。

4 水で溶いた色素で着色する。

5 バットに流し入れ、トントンとたたきつけ、空気抜きをし、常温で固める。
Point 固まりやすいので手早くバットに広げる。

6 抜き型で抜いてお菓子に飾ることができる。

作品例：うちわ（p.13）

包餡

包餡（ほうあん）とは生地で餡を包む作業のこと。左手と右手で上手に包みましょう。

包餡の仕方

1 餡20g、ねりきり餡30gを量り丸める。
Point 中の餡が透けにくいように考えた比率。

2 ねりきり餡を手のひらの真ん中にのせて挟んでのばす。
Point 手のひらの真ん中のくぼみにおくことで、真ん中を少し厚くすることができる。

3 直径8cmにのばす。
Point このとき、真ん中が厚く、まわりが薄くなっている。直径は菓子によってかわる。

4 左の指の上にねりきり餡を置き、中央に餡を置く。

5 親指、人さし指、中指で時計回りに回転させると自然に包まれる。
Point 無理に引っ張ろうとすると薄くなる。

6 右親指と人さし指で穴を挟むようにして上の手を時計回りに回して閉じる。
Point このとき、菓子は反時計回りに回る。

7 餡が見えてしまうときは指でなじませて閉じる。

8 菓子を左指の上に、綴じ目を下にして置き、右手側面と左人さし指で反時計回りに回して形を整える（揉み上げる）。

9 菓子によっては腰を低く整えたり、腰高に整えたりする。

Point 手がべたつくときは、ぬれ布巾でこまめに拭く。乾燥や温度が上がると風味が落ちるので手早く作業する。

包餡のアレンジ

包餡した後に形を変えていろいろなデザインを作ることができる。

外ぼかし・内ぼかし

餡にほんのりと色をつけるぼかしの技法です。
外ぼかしと内ぼかしがあり、色のつき方が微妙に違います。

● 外ぼかし

1 直径8cmにのばしたねりきり餡の上に、白のねりきり餡を軽く押さえて中央におく。

2 白の縁を指でぼかす（外ぼかし）。

3 白を外側にして餡にかけ包餡する。

4 外ぼかしの完成。

● 内ぼかし

1 直径6cmにのばしたねりきり餡の中心を指でくぼませる。直径2cmのピンクのねりきり餡を白のねりきり餡の中心に置いて軽く押さえる。

2 白の縁をピンクにかぶせるように、約2cmずつずらしながら3回折る（内ぼかし）。縁が丸くなるように1周指で形を整える。

3 折り目を上にして手のひらで挟み、直径8cmにのばす。

4 ピンクを外側にして餡にかけ包餡する。内ぼかしの完成。

二重包餡

生地の内側から色が透けて見えるような、二重包餡をご紹介します。

1 直径5cmにのばした白のねりきり餡の上に、直径4cmにのばした赤のねりきり餡を重ねる。

2 手のひらで挟み、直径8cmにのばす。

3 白が外側にくるようにこし餡にかけ、包餡する。

4 二重包餡の完成です。
Point 内側のねりきり餡の色を濃く着色するのがポイント。

三角棒

ねりきりの模様作りにはかかせない「三角棒」。使い方をマスターしましょう。

三角棒の使い方

1 三角の棒は、**A** 鋭い角、**B** 緩やかな角、**C** 二重線、となっている。

2 それぞれの場所を使って模様をつけることができる。左から **A**、**B**、**C** を使った模様。

3 先に花心の模様が彫り込まれているものもある。穴にねりきり餡を詰めて型抜きすると花心になる。

4 使いたい角を親指、中指、薬指で挟み、残りの指を軽く添える。

5 中指と薬指の間をあけて菓子を持ち、三角棒をかまえる。

6 お菓子の下から上に向かってあてる。
Point 三角棒の真ん中を持ち、人さし指の近くを菓子にあてる。中心を越えないように気をつける。

完成。等間隔にあてることができると美しく仕上がる。

細工棒を使った造形

細工棒はいくつか種類がありますが、本書のまさり草（菊）の表現をした細工棒の使い方を紹介します。

1 先の丸い細工棒で、中心から外側へ向かって縁までゆっくりすべらせる。
Point 細工棒の角度はできるだけねかせる。

2 ひとつ模様をつけたら、隣に模様をつけていく。

3 1周模様をつけたところ。

4 中心に花心をつけ、完成。

指を使った造形

和菓子職人は手早く指先で造形します。コツを覚えて楽しみましょう。

1 中心から外側に向かって親指で軽く押す。

2 1周、模様をつけたところ。

3 本書のp.21の「秋桜」、p.10の「桜」で使っている。

さらしの使い方

茶巾絞りなど、和菓子作りにはかかせない「さらし」。上手な使い方を知っておきましょう。

● 乾燥防止に

作業中の菓子や餡は、乾いたさらしの上におき、ぬらして固く絞ったさらしをかけて乾燥を防ぐ。

Point 下もぬれたさらしだと、菓子が湿り過ぎてしまう。

● 茶巾絞り

1 左手のひらにぬらして固く絞ったさらしをのせ、中央に包餡した菓子を置く。

2 菓子の下をつまんで持つ。

3 親指、人さし指、中指を等間隔にかまえて持ち、少し引き上げるように絞る。

4 さらしをひねって絞る菓子もある。

左:ひねらずに絞ったもの。右:ひねって絞ったもの。

● ねりきりを薄くのばすときに

ぬらして固く絞ったさらしに挟んで、めん棒でのばすとめん棒にねりきりがくっつきません。

1 ぬらして固く絞ったさらしで挟み、めん棒でのばす。

2 優しくさらしをはがす。さらしごとひっくり返し、優しくはがす。

3 抜き型で抜く。

● さらしごしに細工棒でくぼませる

1 ぬらして固く絞ったさらしに包んで棒を差し込みくぼませる。

2 さらしごしに棒をあてた状態。

● さらしごしに三角棒をあてる

1 ぬらして固く絞ったさらしにくるんで、さらしの上から三角棒をあてる。

2 さらしごしに三角棒をあてた状態。さらしを使うことで、やわらかい模様の表現ができる。

ねりきり餡をこす

ざるやきんとん通しを使ったこす作業で、かわいらしい飾りが作れます。
目の大きさによって、さまざまな表現をすることができます。

● ざるでこす

1 丸めたねりきり餡をざるの内側から通す。

2 竹串でとる。

3 菓子にのせて飾る。

● きんとん通しでこす

1 さらしの上で、きんとん通しに通す。手の平や親指のつけ根を使って手前から奥に押して通す。

2 竹串でとる。

3 菓子にのせて飾る。

● 糸の使い方

ねりきりをカットするときには糸を使います。

1 大きいものや、中に模様のあるときは、糸でゆっくりとカットする。

2 糸を使用すると、断面をきれいに切ることができる。

第 3 章

第1章の
How to make

第1章で紹介した季節のお菓子の作り方を解説します。
1、2、3・・・と工程がわかりやすいようになっています。

ちょうちょ Photo p.8

材料（ねりきり1個分）
ねりきり餡（ベースの部分の色に着色）— 30g
ねりきり餡（白）— 3g
白こし餡 — 20g

着色
紫（赤+青）、ピンク、黄

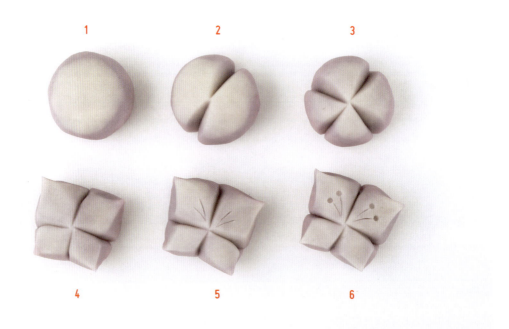

Recipe

I 包餡する

1 ピンクと黄色と紫に着色したねりきり餡で包餡し、白の外ぼかしをする。

II 三角棒で分割する

2 三角棒で2分割に筋をつける。
3 上下が3：2になるように左右に筋をつける。
4 羽根の形になるように指で四角く形を整える。

III 模様を入れる

5 針切り箸で模様をつける。
6 竹串の頭で丸い模様をつける。

花かんむり Photo p.9

材料（ねりきり1個分）
ねりきり餡（白）— 30g
ねりきり餡（緑）— 1g
ねりきり餡（花の部分の色に着色）— 6g
白こし餡 — 20g

着色
緑（抹茶）、ピンク、黄、青

1   2   3

Recipe

I **包餡する**
  1 白のねりきり餡に緑の内ぼかしをし、包餡する。

II **中央をくぼませる**
  2 中央を指でくぼませる。

III **茶こしでこす**
  3 ピンク・黄・青のねりきり餡を茶こしでこし、竹串でくぼみのまわりにのせる。

桜 Photo p.10

材料（ねりきり1個分）
ねりきり餡（白）— 15g
ねりきり餡（ピンク）— 15g
ねりきり餡（黄）— 1g
白こし餡 — 20g

着色
ピンク、黄

Recipe

I 包餡する
  1 ピンクのねりきり餡の上に白のねりきり餡を重ね、二重包餡する。

II 桜（5分割）
  2 三角棒で5分割に筋をつける。
  3 親指をあてて5枚の花びらを作る（p.41参照）。
  4 花びらの縁に三角棒で筋をつけ、小さく丸めた花心をつける。

II 桜（花びら）
  2 左右を1：3に分割するように三角棒で筋をつけ、右側の縁に筋をつける。
  3 針切り箸で模様をつける。
    竹串の頭で丸い模様をつける。

水仙 Photo p.11

材料（ねりきり1個分）
ねりきり餡（白） — 20g
ねりきり餡（白） — 1g
白こし餡 — 15g

寒天材料
粉末寒天 — 3g
グラニュー糖 — 90g
水 — 90g

羊羹材料
粉末寒天 — 1g
水 — 40g
グラニュー糖 — 30g
白こし餡 — 80g

着色
緑（青+黄）、黄

Recipe

I 寒天を巻く

1 白のねりきり餡で包餡し、約2.5cm×13cmにカットした緑の寒天をまわりに巻く（p34参照）。

II 水仙を作る

2 黄色の羊羹を花びらの形に抜き、ねりきりの上にはりつける。

3 白のねりきり餡を丸め、細工棒でくぼませて花心を作り花の中央にはりつける。

金魚すくい Photo p.12

材料（小石）
ねりきり餡（白）— 2g
ねりきり餡（黄）— 2g

羊羹材料
粉末寒天 — 1g
水 — 40g
グラニュー糖 — 30g
白こし餡 — 80g

寒天材料（1袋）
粉末寒天 — 2g
グラニュー糖 — 60g
水 — 60g

着色
赤、黒、黄、緑（抹茶）

Recipe

I **羊羹で金魚と葉を作る**
  1 赤と黒の羊羹を金魚の抜き型で抜き、
    緑の羊羹を丸抜き型で抜いて1か所カットして水草を作る（p.36参照）。

II **ねりきりを丸める**
  2 黄色と白のねりきり餡を合わせて3等分にして、それぞれ丸める。

III **袋に入れて固める**
  3 9cm×13cmの袋に寒天液を流し入れ、金魚などを入れてひもで縛る。

うちわ　Photo p.13

材料（うちわ1個分）
ねりきり餡（白） — 10g

羊羹材料
粉末寒天 — 1g
水 — 40g
グラニュー糖 — 30g
白こし餡 — 80g

寒天材料
粉末寒天 — 1g
グラニュー糖 — 30g
水 — 30g

着色
赤、黒、緑（抹茶）

Recipe

1 白のねりきり餡を5mmの厚さにのばし、セルクルでリーフ形に抜き、直径4.5cmセルクルの中に入れる。
2 水色の寒天液を少し流し入れ、羊羹で作った金魚と水草を入れる。
3 さらに寒天液を流し入れて固め、セルクルから外す。
4 下の部分をセルクルで抜く。
5 針切り箸で筋をつけて、黒文字をさす。

ひまわり   Photo p.14

材料（ねりきり1個分）
ねりきり餡（白）— 30g
白こし餡 — 20g

寒天材料
粉末寒天 — 1g
グラニュー糖 — 30g
水 — 30g

着色
緑（抹茶）、黄、茶（黒こし餡+白こし餡）

Recipe

I　**細工棒で花びらを作る**（p.41参照）
　1　白のねりきり餡で包餡し、細工棒で16枚の花びらを作る。

II　**寒天を流し入れる**
　2　花びらのくぼみに、コルネで黄の濃淡の寒天を交互に流し入れる（p.35参照）。

III　**花心と葉を作る**
　3　黒こし餡と白のねりきり餡を混ぜて丸め、ざるで模様をつけて花の中央にのせる。
　4　緑の寒天を、葉の抜き型で抜き、花の横にはりつける（p.34参照）。

夜空　Photo p.15

材料
月：ねりきり餡 — 2g
星：星金箔

寒天材料（1個分）
粉末寒天 — 2g
グラニュー糖 — 60g
水 — 60g

着色
青、黄

1　　　　　　　　　2　　　　　　　　　3

Recipe

1　直径4.5cmの型に透明の寒天液を少し流し入れ、やや固まったら黄色のねりきり餡で作った三日月と星の金箔を入れる。
2　青の寒天液を流し入れる。
3　固まったら型から出す。

朝顔　Photo p.16

材料（ねりきり1個分）
ねりきり餡（白） — 20g
ねりきり餡（緑） — 2g
白こし餡 — 15g

寒天材料
粉末寒天 — 3g
グラニュー糖 — 90g
水 — 90g

着色
紫（青+赤）、ピンク、青、緑（抹茶）

Recipe

I　三角棒で筋をつける
　1　白のねりきり餡で包餡し、さらしごしに三角棒で5分割に筋をつける。

II　寒天をつける
　2　紫の寒天液をつけて、クッキングシートに逆さまに置いて固める（p.35 参照）。

III　葉を作る
　3　緑のねりきり餡を葉の抜き型で抜き、はりつける。

風鈴　Photo p.17

材料（ねりきり1個分）
ねりきり餡 — 28g
黒こし餡 — 20g
ねりきり餡（青）— 2g
ねりきり餡（ピンク）— 1g
ねりきり餡（黄）— 1g
金箔

寒天材料
粉末寒天 — 1g
グラニュー糖 — 30g
水 — 30g

着色
緑（抹茶）、青、ピンク、黄

Recipe

I 包餡する
  1 白のねりきり餡に青の内ぼかしをし、包餡する。

II 風鈴の形に整える
  2 下の部分を指でくぼませる。
  3 風鈴の形に整え、竹串の頭でくぼませる。
  4 三角棒で筋をつける。

III 花火の模様をつける。
  5 赤と黄のねりきり餡で外ぼかしをする。
  6 細工棒と針切り箸で模様をつけ、金箔と寒天を飾る。

紅葉　Photo p.18

材料（1個分）
葉：ねりきり餡 — 8g
包んでいる餡：黒こし餡 — 17g

寒天材料
粉末寒天 — 1g
グラニュー糖 — 30g
水 — 30g

着色
赤、黄、黒、緑（抹茶）

Recipe

Ⅰ 葉を作る
　1　緑・黄・赤・オレンジのねりきり餡を、もみじやいちょうの抜き型で抜く。

Ⅱ 寒天を作る
　2　寒天液をバットに流し入れ、固まる前に葉を半分のみに入れ、
　　　固まったらバットから外し、4.5cm×10cmにカットする。

Ⅲ 餡を巻く
　3　黒こし餡を長さ4cmの俵形になるように形を整え、
　　　寒天の手前1cmの部分に置き、巻く。

まさり草（菊） Photo p.19

材料（ねりきり1個分）
ねりきり餡（白）— 15g・1g
ねりきり餡（ベースの部分の色に着色）— 15g
黒こし餡 — 20g

着色
ピンク、黄、紫（赤+青）

Recipe

I **包餡する**
　1　ピンク・黄・紫のねりきり餡の上に白のねりきり餡を重ね、二重包餡する。

II **三角棒で分割する**
　2　三角棒で12分割に筋をつける。

III **花びらを作る**
　3　細工棒で花びらを作る（p.41参照）。
　4　三角棒の穴の部分を使って、白のねりきり餡で花心をつける。

りんご　Photo p.20

材料（ねりきり１個分）
ねりきり餡（白）— 35g
ねりきり餡（赤）— 10g
ねりきり餡（黄）— 1g
ねりきり餡（茶）— 2g

着色
赤、黄、茶（黒こし餡）

Recipe

I 包餡する
　1 赤のねりきり餡で包餡し黄の外ぼかしをする。

II りんごの形を作る
　2 さらしで包み、さらしごしに細工棒をあて、
　　上下をくぼませて、リンゴの形に整える（p.43 参照）。

III 糸で切り、種と枝をつける
　3 糸で半分に切る。
　4 黒こし餡と白のねりきりを混ぜて種と枝を作り、つける。

秋桜　Photo p.21

材料（ねりきり1個分）
ねりきり餡（ピンク）— 15g
ねりきり餡（白）— 15g
黒こし餡 — 20g

着色
ピンク（ピンク+青）

Recipe
I **包餡する**
  1 ピンクのねりきり餡の上に白のねりきり餡を重ね、二重包餡する。
II **三角棒**
  2 三角棒で7分割に筋をつける。
III **花びらを作る。**
  3 親指で押して花びらを作る（p.41参照）。
  4 縁を人さし指と親指でつまんでちぎり、ギザギザさせる。
  5 三角棒の二重線の部分を使って花びらの表面に筋をつける。
  6 白のねりきり餡を茶こしでこして花心をつける。

スノードーム　Photo p.22

材料（1個分）
下の部分：ねりきり餡（白）— 15g
雪だるま・ツリー：
ねりきり餡（白）— 2g
ねりきり餡（赤）— 2g
ねりきり餡（茶）— 2g
ねりきり餡（緑）— 2g
銀箔

寒天材料
粉末寒天 — 1g
グラニュー糖 — 30g
水 — 30g

着色
赤、黒、緑（抹茶）、
茶（黒こし餡＋白こし餡）

Recipe

I　パーツを作る
　1　ねりきり餡で雪だるまとツリーを作る。

II　寒天
　2　セルクルの1/3にねりきり餡を詰める。
　3　寒天液を少し流し入れ、雪だるまとツリーを入れる。
　4　寒天液に銀箔を混ぜ、流し入れる。
　　　固まったらセルクルから外す。
　　　ねりきり餡の下の部分をカットする。

リース　Photo p.23

材料（ねりきり1個分）
ねりきり餡（白）— 20g
ねりきり餡（緑）— 10g
ねりきり餡（薄い緑）— 10g
ねりきり餡（黄）— 1g
ねりきり餡（赤）— 1g
黒こし餡 — 15g
金箔

羊羹材料
粉末寒天 — 1g
水 — 40g
グラニュー糖 — 30g
白こし餡 — 80g

着色
緑（抹茶）、黄、赤、ピンク

リース A
リース B

Recipe

リース A
1. 白のねりきり餡で包餡し、転がして棒状にしたものをドーナツ状にし形を整える。
2. 緑の濃淡のねりきり餡をきんとん通しでこして竹串でのせる。
3. 緑のねりきり餡を葉の抜き型で抜き、針切り箸で葉脈をつけてはりつける。赤のねりきり餡を丸めて葉元にはりつける。
4. 黄のねりきり餡を丸め、細工棒でくぼませてベルを作り葉の下にはりつけ、金箔をつける。

リース B
1. 白のねりきり餡で包餡し、転がして棒状にしたものをドーナツ状にし形を整える。
2. 緑の濃淡のねりきり餡をざるでこして竹串でのせる。
3. 緑のねりきり餡を葉の抜き型で抜き、針切り箸で葉脈をつけてはりつける。
4. 赤・ピンク・黄の羊羹を小さな丸型で抜き、はりつける。

お正月　Photo p.24

材料（お年玉1個分）
ねりきり餡（白）— 30g
黒こし餡 — 20g

（鈴1個分）
ねりきり餡（黄）— 30g
黒こし餡 — 20g

（紐の部分）
ねりきり餡（赤）— 2g
ねりきり餡（白）— 2g

着色
赤、黄

Recipe

I　お年玉
1. 白のねりきり餡で包餡し、長方形に形を整える。
2. 赤と白のねりきり餡を紐状にのばしてねじり、中央に巻く。
3. NEW YEAR のスタンプを押す。

II　鈴
1. 黄色のねりきり餡で包餡する。
2. 三角棒の二重線で真ん中に筋をつけ、細工棒で穴をあけ、三角棒の二重線で菓子の下の位置から穴まで筋をつける。
3. 紅白の紐をねじってのせる。

スタンプ

椿 Photo p.25

材料（ねりきり1個分）
ねりきり餡（ベースの部分の色に着色）— 30g
ねりきり餡（黄）— 2g
黒こし餡 — 20g

羊羹材料
粉末寒天 — 1g
水 — 40g
グラニュー糖 — 30g
白こし餡 — 80g

着色
赤、黄、緑（抹茶）

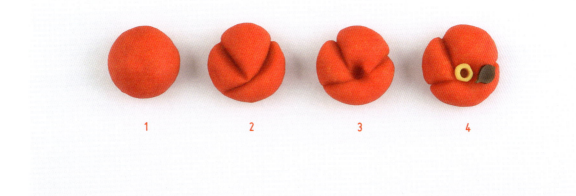

Recipe

I 包餡する
　1　白と赤のねりきり餡で包餡する。

II さらしごしにつける
　2　さらしごしに三角棒で筋を入れる。
　3　さらしごしに花の中央を細工棒でくぼませる（p.43参照）。

III 花心と葉を作る
　4　黄のねりきり餡を丸め、細工棒でくぼませて花心を作り、花の中央にはりつけ、
　　　緑の羊羹を葉の抜き型で抜き、はりつける。

Column

ねりきりのいただき方

ねりきりを出されたときに、「どうやって食べればよいのだろう」と戸惑う方も多いのではないでしょうか。

ねりきりをいただく際には、黒文字（くろもじ）という、楊枝のようなものを使用します。聞きなれない言葉かしれませんが、クスノキ科の黒文字という木を材料にして作られていることから、そのまま名称となりました。

この黒文字を使って3～4口で食べきれるように切り分け、フォークのように刺して口に運べばOKです。

また、お一人ずつにねりきりをお出しする際には、お皿の上に少しずらして2つに折った懐紙の上に置くとよいです。その際、上になる方を右下がりに折ると慶事、逆の左下がりに折ると弔事となりますので、気をつけてくださいね。

第 4 章

鋏切りと
針切り

菓子ばさみと針切り箸を使ったお菓子です。
美しい造形を楽しみましょう。

はさみ菊（下段切り）

はさみを入れる作業は、まさに職人気分。
花びらの大きさが揃うほど、
美しいはさみ菊になります。
練習すればするほど、美しい菊が咲きます。

How to make — p.74

はさみ菊（上段切り）

上から順にはさみを入れると、
こんなに芸術的な菊ができ上がります。
職人技のようなはさみ菊、
ぜひ挑戦してみてください。

How to make — p.75

紫陽花

針切りの技術を使って、花びらを立体的に表現しました。
透明な寒天の粒で表現した朝露が、さりげなくてお気に入りです。

How to make — p.76

花火

夜空に弾ける彩りゆたかな花火を、針切りで表現しました。
外ぼかしのグラデーションが、なんとも美しい色合いです。

How to make — p.77

雪の結晶

儚い雪の結晶をイメージして、上品な色合いとデザインの
大人かわいいねりきりに仕上げました。
寒い日に、温かいお茶と一緒にいただきたいねりきりです。

How to make − p.78

菓子ばさみの使い方

菓子ばさみは、菊などの花びらを作るときに使います。
はさみで1枚1枚花びらを刻んでいきます。

●上段切り

1 三角棒で筋を入れたねりきりに、菓子ばさみの反り返っているほうを下にしてかまえ、切る。
Point 菓子のカーブに合わせてかまえ、切る。

2 上段の花びらを1周切る。
Point 2～3回切るごとに菓子ばさみをぬれた布巾で拭く。

3 切る位置を少しずつ下にずらし、下の段は上の段の花びらと花びらの間にくるよう意識して切る。

●下段切り

1 時計の9時の位置に、菓子ばさみを反り返っているほうを内側にして垂直にかまえる。

2 すき間なく1周切る。
Point 菓子ばさみの開き過ぎに注意する。常に約5mm開いて切る。

3 1周目より少し上にずらして、下の段の花びらと花びらの間を切る。

4 すき間なく上まで切る。完成。

針切り箸の使い方

箸の先が針のようになっていて、菓子ばさみのようにねりきりを切るときに使います。

1 お箸を持つようにして持ち、針の先端の開き具合を調整しながら切る。

2 針切り箸の先端を約1mm開いてかまえる。

3 針を開きながら動かし、途中から閉じながら動かして切る。

4 切り終わると同時に、針切り箸を斜め上に上げて先を立ち上げる。

5 先を指でとがらせる。

● 作品例

針の動かし方を変えていろいろな形に切ることができます。

作品例：紫陽花（p.68）

作品例：花火（p69）

はさみ菊（下段切り） Photo p.66

材料（ねりきり1個分）
ねりきり餡（赤）— 15g
ねりきり餡（白）— 15g
白こし餡 — 20g
金箔

着色
赤

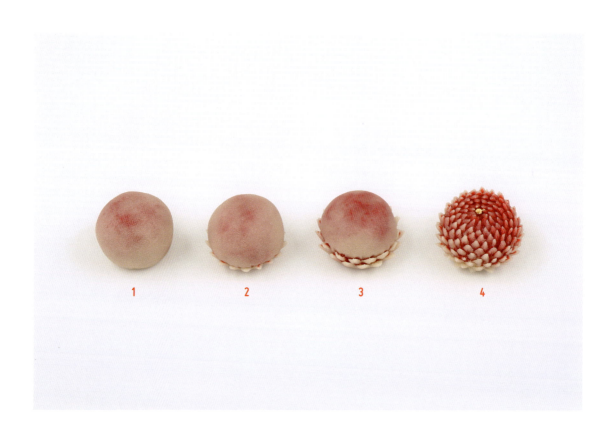

Recipe

I 包餡する
  1 赤のねりきり餡の上に白のねりきり餡を重ね、二重包餡する。

II 菓子ばさみで切る（p.72参照）
  2 菓子の下の位置を、菓子ばさみを約5mm開いてすき間なく1周切る。
  3 1周目より少し上にずらして花びらと花びらの間を切る。
  4 少しずつ上にずらしながらすき間なく上まで切り、中央に金箔をつける。

はさみ菊（上段切り） Photo p.67

材料（ねりきり1個分）
ねりきり餡（濃いオレンジ）— 26g
ねりきり餡（薄いオレンジ）— 2g
ねりきり餡（白）— 1g
ねりきり餡（黄）— 1g
黒こし餡 — 20g

着色
オレンジ（赤＋黄）

Recipe

I 包餡する
   1 オレンジのねりきり餡で包餡し、白・薄いオレンジを重ねて外ぼかしする。

II 三角棒で筋をつける
   2 三角棒で16分割に筋をつける。
   3 指で軽く押さえて表面を平らにする。

III 菓子ばさみで切る
   4 中心から約2cmの位置を菓子ばさみで1周切る。
   5 1周目より少し下にずらして花びらと花びらの間を切る。
   6 さらに2周目より少し下にずらして花びらと花びらの間を切り、黄のねりきり餡を茶こしでこして花心をつける。

紫陽花 Photo p.68

材料（ねりきり1個分）
ねりきり餡（白）— 30g
ねりきり餡（青）— 1g
ねりきり餡（薄い青）— 1g
ねりきり餡（緑）— 2g
白こし餡 — 20g

寒天材料
粉末寒天 — 1g
グラニュー糖 — 30g
水 — 30g

着色
青、緑（抹茶）

Recipe

I **包餡する**

　1　白のねりきり餡で包餡し、2か所青の濃淡の外ぼかしをつける。

II **針切り箸で切る**

　2　針切り箸で花びらの形に切る。

　3　緑のねりきり餡を、葉の抜き型で抜き、花の横にはりつける。

　4　コルネで青の寒天液を花の中心に絞り花心を作り、
　　　透明の寒天液を葉の上に絞り朝露を作る。

花火　Photo p.69

材料（ねりきり1個分）
ねりきり餡（青）— 24g
ねりきり餡（白）— 3g
ねりきり餡（ピンク）— 2g
ねりきり餡（黄）— 1g
白こし餡 — 20g
金箔

着色
青、ピンク、黄

1　2　3　4

Recipe

I　包餡する
　1　濃い青のねりきり餡で包餡し、白・ピンク・黄を重ねて外ぼかしする。

II　針切りをする
　2　中心を竹串の頭でくぼませ、針切り箸で1.5cmの長さのしずく形を切る。
　3　1周目の間になるように2周目を切る。
　4　2周目の間になるように3周目を切り、中心に金箔をつける。

雪の結晶 Photo p.70

材料（ねりきり1個分）
ねりきり餡（白）— 30g
ねりきり餡（青）— 1g
白こし餡 — 20g
銀箔

着色
青

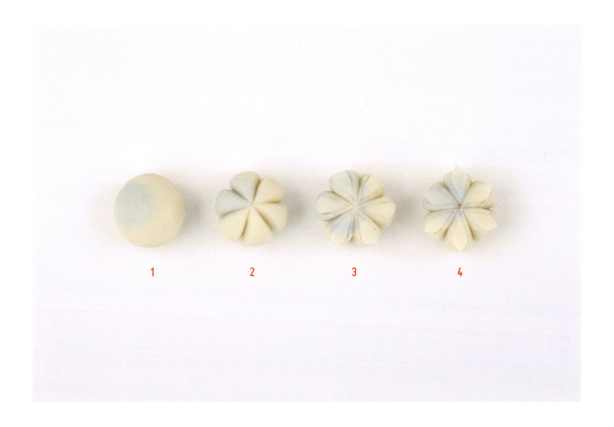

Recipe

I **包餡する**
1 白のねりきり餡に青の内ぼかしをし、包餡する。

II **三角棒**
2 三角棒で6分割に筋を入れる。

III **針切り箸で切る**
3 針切り箸で雪の結晶の模様を切り、先を指でとがらせる（p.73参照）。
4 針切り箸で筋をつけ、銀箔をつける。

第 5 章

あんフラワー

スイーツのクリーム絞りを模して、
あんクリームによるバラの花やリボンの表現です。
ぜひチャレンジしてみてください。

フラワーブーケ

真ん中をくぼませて花瓶を表現したねりきりの上に、
あんクリームで絞ったたくさんのフリージアを飾りました。
花束みたいで素敵ですよね。

How to make — p.91

フラワーバスケット

ねりきりの周りを、ぐるりとカゴ編みし、
上にはたくさんのお花を飾りました。
「もったいなくて、食べられない!」
そんな声が聞こえてきそうな和菓子です。

How to make — p.92

マーガレット

寒天の透明感を生かして、中にドットやストライプの模様を忍ばせました。
可憐なマーガレットとの相性抜群の、かわいらしい錦玉です。

How to make — p.93

ギフトボックス

サムシングブルーをイメージした、ギフトボックス。
ねりきりとあんクリームの技術を合わせると、かわいらしい表現ができます。

How to make — p.94

フラワー錦玉

つるんと透明な錦玉の中に、あんクリームで絞ったローズを閉じ込めた和菓子。
紅茶にも合いそうなデザインです。つめたく冷やして、召し上がれ。

How to make — p.95

あんクリームの道具

ねりきりで、洋菓子のデコレーションに似た、あんクリームのデコレーションができます。

1　フラワーネイル
フラワー絞りをするときに使用します。

2　コルネ
先をV字にカットしてリーフを絞るときに使用します。

3　口金
絞り袋の先にセットします。
絞りたい形によって口金を選びます。

4　ハンドミキサー
生地をよく混ぜるのに使用します。

5　絞り袋
あんクリームを入れて絞ります。

6　バット
絞ったものを一旦置くのに使用します。

7　ゴムベラ
材料を混ぜるときに使用します。

8　フラワーリフター
絞った花を移動させるときに使用します。

9　クッキングシート
小さく切って、この上に生地を絞ります。

10　パレットナイフ
あんクリームをコルネに入れるときなどに使用します。

11　ボウル
材料を入れて混ぜるときに使用します。

フラワー絞り

餡をクリーム状にすると、絞り袋と口金を使用して、
洋菓子のデコレーションに似た表現をすることができます。

● あんクリームの作り方

1 ハンドミキサーで約5分間、白こし餡を白っぽくなるまでよく混ぜる。

2 水を数滴ずつ加え、ツノが立つくらいまで固さを調節する。

3 水で溶いた色素で着色する。

● 口金の種類

PME56：本書で使用した表現は、
左から「リボン」「マーガレット」「カーネーション」。

PME57：本書で使用した表現は、
「フリージア」。

PME58：本書で使用した表現は、
「ローズ」。

PME2：本書で使用した表現は、
「かご編み」。

コルネの作り方

クリーム絞りに欠かせないコルネや絞り袋の使い方をマスターしましょう。

● **作り方**　※写真ではわかりやすいようにクッキングシートで解説しています。

 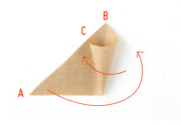 

1　正方形（20cm×20cm）のセロファン紙（OPPシート）を対角線で半分に切る。

2　BとCが重なるようにくるりと1回巻き、Aを巻きつけてCの後ろに持ってくる。

3　ABCの重なっているところをホッチキスでとめる。

● **絞り袋への入れ方**

1　絞り袋の先をカットし、口金をセットする（口金が1/3見えている状態に）。

2　絞り袋を半分折り返す。

3　パレットナイフで奥にクリームを入れる。

● **絞り袋の持ち方**

1　親指と人さし指の間に絞り袋を挟むようにして持つ。

2　絞り袋をねじり、クリームの部分が張った状態にする。

3　絞り袋の余分な部分は、親指に巻きつけるとよい。

フラワーネイル・フラワーリフターの使い方

フラワーネイルの台上に細かなフラワー絞りをしたら、フラワーリフターでそっと移動させます。

● フラワーネイルの使い方

1 親指と人さし指の第2関節で持つ。

2 親指を人さし指の方向に動かし、反時計回りの方向に回す。

3 絞り途中で休憩したい場合は、ネイルスタンドや浅めのグラスなどを使うとよい。

● 花の移動方法

フラワーリフターで移動

1 フラワーネイルに花を絞ったら、フラワーリフターで花の根元をカットする。

2 そのまま持ち上げる。

3 リフターを開きながら押しつけるようにして花を外し、冷蔵庫で冷やす。

クッキングシートの上に絞る

1 フラワーネイルの上に少量のクリームを絞り、小さくカットしたクッキングシートを置き、その上に絞る。

2 シートごとバットに移動させ、冷蔵庫で冷やす。

3 そっと手でシートをはがし、手早く菓子にのせる。

あんフラワーの絞り方

本書で用いたあんフラワーを紹介します。さらに絞り方を工夫していろいろな表現にチャレンジしましょう。

● フリージア

1 フラワーネイルに、1.5cm幅に一重半の土台を絞る。

2 土台に口金の太いほうをつけ、花びらを2枚絞る。

3 まわりに4枚絞り、コルネで中央に小さなドットをすき間なく絞る。

● カーネーション

1 フラワーネイルに、1.2cm幅に一重の土台を絞る。

2 土台に口金の太いほうをつけてかまえ、小刻みに上下しながら1周絞る。

3 まわりに2周絞る。

● マーガレット

1 口金の太いほうを中心にあて、細いほうを少し浮かせ、矢印の方向に1枚絞る。

2 すき間なく合計10枚の花びらを絞る。

3 コルネで中央に小さなドットをすき間なく絞る。

● ローズ

1 フラワーネイルに1.5cm幅二重の土台を絞り、口金の太いほうを下にして垂直にかまえ、円錐の花心を絞る。

2 円錐の側面に、口金の太いほうをつけ、花びらを少し重ねて2枚絞る。

3 少し口金を外側に開き、まわりに3枚、さらにそのまわりに5枚絞る。

● リボン

1 口金の太いほうを下にして、中心から矢印の向きに動かして絞る。

2 なめらかなS字を描くように垂れ絞る。

3 中央に上から下に結び目を絞る。

● つぼみ・かすみ草

1 土台の部分をコルネで絞る。

2 コルネの先を中に押し込むようにして、中につぼみの花の部分を絞る（つぼみ）。

3 土台の上に小さなドットを密集させるように絞る（かすみ草）。

● リーフ

1 コルネの先端をV字にカットする。

2 クッキングシートの上に絞る。軽く押し引きして葉脈が出るように絞る。

3 先は細めに絞る。

フラワーブーケ　Photo p.80

材料（ねりきり1個分）
ねりきり餡（白）— 30g
白こし餡 — 20g

あんクリーム
ピンク：30g
白：10g
緑：10g

着色
ピンク、緑（抹茶）

Recipe

1　白のねりきり餡で包餡し、中央をくぼませる。
2　くぼみにあんクリームで絞ったフリージアを飾る。
3　コルネの先端をV字にカットしてすき間にリーフを絞る。

フラワーバスケット　Photo p.81

材料（ねりきり1個分）
ねりきり餡（茶）— 20g
黒こし餡 — 15g

あんクリーム
茶：40g
黄：20g
オレンジ：20g
白：10g
緑：10g

着色
黄、オレンジ（赤+黄）、
茶（黒こし餡）、緑（抹茶）

Recipe

I　バスケットを絞る

1. 白のねりきり餡に黒こし餡を混ぜた茶色の
ねりきり餡で包餡し、円柱型に形を整える。

2. 口金PME2番をセットした絞り袋に、
黒こし餡を混ぜた茶色の餡クリームを詰め、
側面に縦に2本のラインを描く。

3. 横に2mm間隔で長さ1.2cmのラインを描く。

4. 横ラインの右端をかくすように縦ラインを2本描き、
3の横ラインの間に横ラインを描いていく。
縦横を繰り返して描き、かごの網目のようにする。

II　花を飾る

5. バスケットの上にあんクリームで絞った
カーネーションを飾る。

6. すき間にリーフ・つぼみ・かすみ草を絞る。

マーガレット　Photo p.82

材料（約8個分）
透明部分（寒天）
粉末寒天 — 9g
グラニュー糖 — 270g
水 — 270g

水色部分（羊羹）
粉末寒天 — 1g
水 — 40g
グラニュー糖 — 30g
白こし餡 — 80g

白い部分（羊羹）
粉末寒天 — 2g
水 — 80g
グラニュー糖 — 60g
白こし餡 — 160g

あんクリーム
白：20g
黄：10g

着色
黄、水色（青+白）

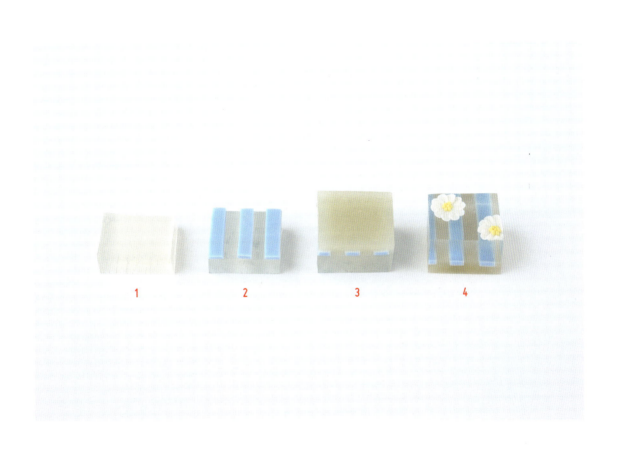

Recipe

I 羊羹を作る

1 羊羹型に透明の寒天液を流し入れる。

2 水色の羊羹液をバットに流し入れ固め、7mm幅にカットしたものを等間隔におく（丸型で抜いたものをおくとドット柄になる）。

3 白の羊羹液を上から流し入れて固める。

II 花を飾る

4 型から外し、あんクリームで絞ったマーガレットを飾る。

ギフトボックス　Photo p.83

材料（ねりきり1個分）
ねりきり餡（白）— 20g
白こし餡 — 15g

餡クリーム
水色：20g

着色
水色（青＋白）

Recipe

I 包餡する
1 白のねりきり餡で包餡し、四角に形を整える。
2 パレットナイフで押さえ、筋をつける。

II リボンを絞る
3 あんクリームで十文字になるようにリボンを絞る。
4 上にリボンを絞る（p.90 参照）。

フラワー錦玉　Photo p.84

寒天材料（錦玉約3個分）
粉末寒天 — 3g
グラニュー糖 — 90g
水 — 90g

あんクリーム
ピンク・黄：40g
緑：10g

着色
ピンク、緑（抹茶）、黄

Recipe
1. 型に寒天を少し流し入れる。
2. あんクリームで絞ったローズを冷凍庫で凍らせて逆さまにして入れ、上から寒天を流し入れる。
3. 固まったら型から外す。

一般社団法人 日本サロネーゼ協会
代表理事　桔梗有香子（ききょう ゆかこ）

2013年8月に一般社団法人　日本サロネーゼ協会を設立。
『好きを仕事にできる輝く女性を創り出す』の理念のもと、自宅で教室を開く『サロネーゼ』の育成とサポートを行っている。女性の職業創出と高い社会貢献性が評価され、協会アワード2015で大賞となる『文部科学大臣賞』を受賞。
主にアイシングクッキーや練り切りアート®、フラワーケーキ、キャンドル、ソープなど20種類以上の講師育成講座を開講している。
香港・台湾にも拠点を持ち、現在までに約9,000名の講師を育成。
日本サロネーゼ協会や講座詳細は、ホームページをご覧ください。
http://salone-ze.com

かわいい ねりきり

2018年12月5日 初版第1刷発行
2019年2月10日 初版第2刷発行

著　者　一般社団法人　日本サロネーゼ協会　桔梗有香子
発行者　穂谷竹俊
発行所　株式会社日東書院本社
　　　　〒160-0022 東京都新宿区新宿2丁目15番14号 辰巳ビル
　　　　TEL 03-5360-7522（代表）　FAX 03-5360-8951（販売部）
　　　　振替　00180-0-705733
　　　　URL　http://www.TG-NET.co.jp

印刷所　三共グラフィック株式会社
製本所　株式会社宮本製本所

本書の無断複写複製（コピー）は、著作権法上での例外を除き、著作者、出版社の権利侵害となります。
乱丁・落丁はお取り替えいたします。小社販売部までご連絡ください。

©Japan salonaise association 2018, Printed in Japan
ISBN 978-4-528-02219-5　C2077

STAFF

和菓子製作協力　　　　御菓子司 杵屋豊光 内藤貴之
和菓子製作アシスタント　畑ちとせ・鳥丸優希・
　　　　　　　　　　　　松浦真理・真次真利枝
撮影　　　　　　　　蜂巣文香
スタイリング　　　　駒井京子
ブックデザイン　　　塚田佳奈（ME&MIRACO）
編集　　　　　　　　大野雅代（クリエイトONO）

[撮影協力]

UTUWA
〒151-0051
東京都渋谷区千駄ヶ谷3-50-11 明星ビルディング1F
TEL：03-6447-0070　FAX：03-6447-0071

AWABEES（5F）
TEL：03-5786-1600　FAX：03-5786-1605

[読者の皆様へ]
本書の内容に関するお問い合わせは、お手紙かメール（info@TG-NET.co.jp）にて承ります。恐縮ですが、電話でのお問い合わせはご遠慮ください。